AF326241

7 - May 1750.

INSTRUCTION
POUR L'INFANTERIE,

Concernant l'exécution de l'Ordonnance du 7 mai 1750.

SUR le compte qui a été rendu au Roi, des différences qui se trouvent dans la manière dont chaque régiment & souvent même les Soldats du même corps, exécutent une partie des commandemens qui sont compris dans ladite ordonnance ; Sa Majesté a ordonné de dresser la présente instruction, dont l'objet est d'apprendre à chaque Soldat en particulier à manier ses armes & à marcher, avant de les exercer ensemble ; d'expliquer & de perfectionner quelques mouvemens qui ont été mal entendus, ou dans la pratique desquels on a remarqué quelques inconvéniens; & d'en ajoûter d'autres, qui, quoiqu'ils ne soient pas

A

inférés dans l'Exercice, doivent cependant avoir lieu dans certaines occasions.

E'COLE DU SOLDAT.

Communication aux Officiers. AUSSI-TOST que le Commandant de chaque régiment aura reçû cette inſtruction, il en aſſemblera les Officiers pour la leur communiquer, & leur faire entendre que l'intention du Roi eſt qu'ils commencent par s'inſtruire eux-mêmes de ce que le Soldat doit exécuter, afin de ſe mettre en état de le commander à leur troupe, & d'être à portée d'aider les Officiers majors dans l'occaſion.

Officier major. Le Major aſſemblera enſuite les Officiers majors du régiment, pour lire en leur préſence, avec la plus grande attention, les différens articles de cette inſtruction, & ſur-tout les explications ſur les commandemens de l'exercice qui tendent à mettre plus d'exactitude & de préciſion dans les mouvemens ; s'exerçant avec eux à les bien exécuter, juſqu'à ce que tout l'Etat-major en ſoit parfaitement inſtruit.

Première claſſe. Il ſera formé alors un état par compagnie, des Sergens, Caporaux, Anſpeſſades & Soldats en qui l'on aura remarqué le plus de diſpoſition à manier ſes armes & à marcher; la totalité deſquels ſera partagée également entre les Officiers majors qui les exerceront, comme il ſera ci-après preſcrit, d'abord un à un juſqu'à ce qu'ils aient acquis une exécution préciſe, puis deux à deux.

Seconde claſſe. Ces hommes choiſis ayant été bien exercés, on en formera une première claſſe, qui inſtruira la ſeconde compoſée du reſte du régiment, en répartiſſant par compagnie aux Sergens, Caporaux & Anſpeſſades, & à leur défaut aux Soldats qui compoſeront cette première claſſe, ceux qui ne ſeront pas ſuffiſamment inſtruits, pour les former ſuivant la même méthode qui leur aura été appriſe.

Quand ces hommes chargés d'inſtruire les autres, croiront avoir mis quelqu'un en état de paſſer à la première claſſe, ils le préſenteront d'abord aux Officiers de leur compagnie, qui l'examineront avec attention; s'ils ne le trouvent pas encore aſſez exercé, ils refuſeront de l'y admettre; ſi au contraire l'homme préſenté leur paroît dans le cas d'être reçû, leſdits Officiers le propoſeront eux-mêmes au Commandant du régiment, qui le verra s'il le juge à propos, & le fera examiner par les Officiers majors: les fautes les plus légères ſuffiront pour le refuſer; & nul ne pourra paſſer de la ſeconde claſſe à la première, ſans avoir ſubi ce dernier examen. *Paſſage de la première à la ſeconde claſſe.*

Lorſque tout le régiment ou la plus grande partie aura paſſé à la première claſſe, on diſtribuera chaque compagnie en eſcouades de cinq ou ſix Soldats, qui continueront d'être exercés par les Caporaux, Anſpeſſades ou anciens Soldats les plus inſtruits de ladite compagnie, leſquels ſeront perſonnellement reſponſables du ſuccès des exercices de leurs eſcouades vis-à-vis des Sergens, & leur en rendront compte : les Sergens ſe trouveront eux-mêmes à ces exercices toutes les fois qu'ils n'en ſeront point empêchés par leur ſervice, ou pour d'autres ſoins indiſpenſables attachés à leur place, & ils en répondront aux Officiers, qui s'en prendront directement à eux lorſqu'ils remarqueront du relâchement & de la négligence de la part du Soldat. *Formation d'eſcouades.*

Les Soldats de la ſeconde claſſe ſeront exercés tous *Jours des exercices.*

les matins fur le rempart, ou fur la place du quartier, ou dans la chambre quand le temps ne permettra pas de fortir, par les Sergens, Caporaux, Anfpeffades, ou Soldats de la première claffe auxquels ils auront été répartis.

Les Soldats de la première claffe feront exercés au quartier tous les dimanches, par le Chef de l'efcouade duquel ils feront ; les Caporaux & Anfpeffades le feront tous les mardis après midi par les Sergens de leurs compagnies, & ceux-ci tous les 2, 12 & 22 de chaque mois auffi après midi, par les Officiers majors.

Remplacement des abfens. Si le Chef d'une efcouade fe trouve de fervice, malade ou abfent le jour fixé pour les exercices de la première claffe, le Soldat de cette efcouade le plus ancien & en même temps le plus capable, l'exercera à fa place.

Le plus ancien & le plus capable des Caporaux exercera de même les Caporaux & Anfpeffades, à la place du Sergent qui pourroit manquer.

Grenadiers. Les compagnies de Grenadiers feront exercées de même que celles de Fufiliers ; & on obfervera également, à l'égard des uns & des autres, tout ce qui eft prefcrit par cette inftruction.

Permiffion de travailler. Il ne fera donné de permiffion de travailler à aucun Soldat, que lorfqu'il aura été admis à la première claffe ; & cette permiffion ne le difpenfera jamais de fe trouver à l'exercice du dimanche : fi l'on s'aperçoit qu'il fe foit négligé, il fera remis à la feconde claffe, & la permiffion de travailler lui fera retirée jufqu'à ce qu'il foit rentré dans la première.

Soldat en faute Ceux qui, après avoir été admis à la première claffe,

fe trouveront en défaut fur quelque partie de l'exercice *remis à la feconde claffe.*
que ce foit, feront remis à la feconde, non feulement
pendant le temps néceffaire pour corriger ce défaut, mais
encore quelques jours au-delà , felon que la faute qu'ils
auront commife fera plus ou moins grande; & fi cette
faute provenoit d'une mauvaife habitude contractée depuis
long-temps par la négligence du Sergent & du Chef
d'efcouade, ce Sergent & ce Chef d'efcouade feront punis
très-févèremeat, ainfi que le Soldat.

La troupe deftinée à monter la garde fera exercée par *Exercice de la garde montante.*
première & feconde claffe, immédiatement après la pre-
mière infpection faite au quartier & dans le lieu même
où cette infpection aura été faite : il fera commandé tous
les jours à l'ordre à cet effet un Capitaine en pied par
régiment compofé d'un ou de deux bataillons, lequel fera
chargé de l'exercice des Soldats de la première claffe
qui manœuvreront enfemble; le Sergent le plus ancien
de ceux qui monteront la garde, exercera en même
temps ceux de la feconde claffe, & il fera aidé par les
autres Sergens & Caporaux montant la garde, fuivant le
nombre.

Dans les régimens compofés de trois ou quatre
bataillons, la garde fera partagée entre deux Capitaines
en pied qui feront commandés pour en exercer chacun
féparément une moitié.

Il fera commandé tous les deux jours à l'ordre par *Exercice de quatre com-*
chaque bataillon, un Officier, Capitaine en fecond, Lieu- *pagnies par bataillon.*
tenant ou Enfeigne, pour exercer enfemble l'après-midi
quatre compagnies formant au moins foixante-quatre hommes de la première claffe. Ces Officiers feront nommés

chacun à leur tour, de même que les compagnies, dont les Caporaux & Anspessades seront dispensés de cet exercice, hors le cas où ils deviendroient nécessaires pour compléter le nombre de soixante-quatre.

En quoi consistera l'exercice. Toute l'Infanterie sera exercée à marcher uniformément les différens pas prescrits ci-après, & à exécuter de même les commandemens du maniement des armes.

Trois pas en avant. On commencera par apprendre aux Soldats à marcher sans armes, trois sortes de pas en avant ; le petit pas, le pas ordinaire & le pas redoublé : on ne passera à l'instruction du second pas que quand le Soldat aura exécuté le premier comme il convient, & qu'il y sera bien affermi ; l'on observera de même de n'en venir au troisième pas, qu'après que les hommes exercés seront bien sûrs des deux premiers.

Longueur & durée de chaque pas. La longueur du petit pas sera déterminée à huit pouces, celle du pas ordinaire à vingt-quatre pouces, & ces deux espaces seront toûjours parcourus dans le même temps d'une seconde, à commencer de l'instant où la jambe sera mise en mouvement, jusqu'à celui où elle sera posée. Quant au pas redoublé, sa longueur sera aussi fixée à vingt-quatre pouces ; mais on y apportera le double de vîtesse, de sorte que l'on fasse deux de ces pas en une seconde.

Lignes divisées. Pour accoûtumer les Soldats à former ces pas régulièrement, on tracera deux lignes divisées exactement, l'une en espaces de huit pouces, & l'autre en espaces de vingt-quatre pouces : on exercera d'abord les Soldats un à un, ensuite deux à deux, à parcourir ces deux lignes

dans le temps prefcrit, de manière qu'à la fin du foixan-
tième pas de huit ou de vingt-quatre pouces, il fe foit
écoulé précifément une minute, & pour le pas redoublé
le même temps d'une minute à la fin du cent vingtième
pas; & l'on fera bien obferver au Soldat cette mefure de
temps, pour qu'il s'en reffouvienne lorfqu'il marchera
dans le bataillon.

Le Soldat étant rompu à parcourir ces lignes, on en
tracera d'autres divifées de cinq en cinq pas, de dix en
dix, de vingt en vingt, de quarante en quarante, & de
foixante en foixante, afin de voir s'il parcourra ces différens efpaces dans le temps & avec le nombre de pas
prefcrits.

On accoûtumera le Soldat à s'arrêter au mot de *halte* *Pour s'arrêter.*
en marchant ces trois fortes de pas, & à placer fur le
champ, après ce commandement fait, le pied qui feroit
derrière, fur le même alignement de celui qui fera devant.

Le pas fera toûjours fait en un temps : la jambe tendue *Forme du pas.*
fera portée en avant fans nulle affectation, le pied rafant
la furface du terrein fur lequel on marchera, & pofant à
terre, de manière que chaque partie y appuye en même
temps.

Lorfque les Sergens, Caporaux, Anfpeffades & Soldats   *Marche*
auront été fuffifamment exercés à marcher en avant fans   *avec armes.*
armes, on les fera marcher avec leurs armes un à un,
deux à deux, quatre à quatre, huit à huit, douze à douze
& feize à feize, fur un, deux, trois & quatre rangs,
tantôt à rangs ouverts, tantôt à rangs ferrés, ayant attention qu'ils marchent bien droit devant eux, les épaules

toûjours alignées, & les rangs à la diſtance preſcrite par l'ordonnance du 7 mai 1750, juſqu'à ce qu'ils ſoient ſûrs de leurs pas, de la meſure de temps à y employer, & de tout ce qui peut être relatif au mouvement en avant.

Quand, pour exécuter ces marches ſur pluſieurs rangs ou pour l'exercice du feu, on joindra pluſieurs eſcouades enſemble, le plus ancien des Caporaux, Anſpeſſades ou Soldats prépoſés à ces eſcouades, les commandera.

Pas de côté. Les Sergens, Caporaux, Anſpeſſades & Soldats feront enſuite exercés à marcher les deux eſpèces de pas de côté, celui qui s'exécute ſans ſortir du même alignement, & celui qui ſe fait dans un ſens oblique en gagnant du terrein en avant, tous les deux exécutés de gauche à droite & de droite à gauche.

Sur le même alignement. Le pas de gauche à droite ſur le même alignement s'exécutera en portant le talon du pied gauche appuyé en équerre contre la pointe du pied droit, & enſuite le talon du pied droit à huit pouces du point où étoit la pointe de ce même pied.

En gagnant du terrein en avant. Le pas de côté en gagnant du terrein en avant ſur la droite, ſe fera en portant le pied gauche vis-à-vis, à huit pouces en avant de la pointe du pied droit, & celui-ci huit pouces en avant de la droite de la pointe du pied gauche, obſervant l'obliquité néceſſaire pour arriver au lieu où on veut aller par la ligne la plus droite.

Pour marcher de droite à gauche, on exécutera les mêmes choſes, le pied droit faiſant alors l'office du gauche, & le gauche celui du droit.

Chacun

Chacun de ces pas de côté fera fait en une feconde; *Durée des pas de côté.* pour cet effet les Soldats feront également exercés à en faire foixante par minute, en les prenant toûjours un à un, deux à deux, quatre à quatre, huit à huit, douze à douze & feize à feize, fur un, deux, trois & quatre rangs; obfervant que les jambes foient toûjours bien alignées, & que l'obliquité du mouvement foit la même pour tous les hommes qui devront fe mouvoir enfemble fur des directions parallèles entre elles pendant toute la durée du mouvement.

On accoûtumera le Soldat à s'arrêter & à fe dreffer au mot de *halte,* comme il a été dit pour le pas en avant.

Les Tambours feront auffi exercés à marcher les diffé- *Tambours.* rens pas dont il a été parlé, & dans la mefure de temps prefcrite à chacun: on les prendra un à un, deux à deux, quatre à quatre, huit à huit & enfin tous enfemble, en commençant par le petit pas, enfuite le pas ordinaire & le pas redoublé, & finiffant par les deux efpèces de pas de côté.

Le Soldat étant habitué aux différens pas en avant & *Maniement des armes.* de côté, on l'inftruira au maniement des armes, conformément à l'ordonnance du 7 mai 1750, ayant égard aux obfervations ci-après expliquées.

On prendra d'abord les Soldats un à un, & on leur fera exécuter tous les temps avec vivacité & précifion.

On les mettra enfuite deux à deux & jamais en plus grand nombre, & on prendra garde qu'ils partent bien enfemble.

B

Le Soldat de la gauche devant fe régler fur les mouvemens de celui de la droite, on les fera changer de place
alternativement.

Temps du feu.   A l'égard des temps du feu, pour mettre en joue,
tirer & recharger les armes, les Soldats, après y avoir
été exercés féparément & fucceffivement fur les mouvemens particuliers à chaque rang, y feront employés par
quatre, huit, douze & feize hommes à la fois fur quatre
rangs, & on leur fera marquer les temps très-légèrement,
afin d'en pouvoir porter la vivacité au point de tirer trois
coups au moins par minute, la bayonnette étant toûjours
au bout du canon du fufil, abrégeant en ce cas, autant
qu'il fera poffible, les intervalles de temps qui font prefcrits
ci-après pour le maniement des armes.

Exercices
des bataillons
& régimens.   Indépendamment des exercices particuliers ci-deffus
ordonnés, chaque bataillon fera exercé en entier au moins
une fois tous les huit jours, depuis le premier mai jufqu'au premier feptembre; & tous les bataillons d'un même
régiment le feront enfemble une fois en quinze jours.

Dans les huit autres mois de l'année, les bataillons
s'exerceront une fois tous les quinze jours, & les régimens
de plufieurs bataillons tous les mois.

Les Soldats de la feconde claffe ne feront point con-
fondus dans ces exercices avec ceux de la première, &
ils feront exercés enfemble à l'écart fur la gauche, ou
derrière le bataillon ou le régiment.

Obligations
des Officiers.   Les Capitaines, Lieutenans, Sous-lieutenans & Enfeignes

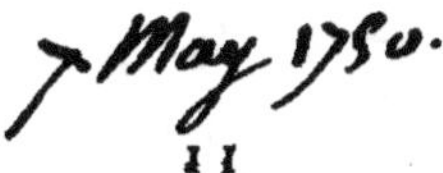

11

feront tenus de favoir exécuter & commander le maniement des armes & les différens pas.

Ceux des Lieutenans, Sous-lieutenans & Enfeignes qui
ne feront pas fuffifamment inftruits, feront exercés tous
les jours l'après-midi par un Officier major qui les commandera l'épée à la main, jufqu'à ce qu'ils foient bien
rompus aux différens pas en avant & de côté, au maniement des armes & à l'exécution vive des temps du feu;
après quoi ils ne feront plus exercés que le 3 & le 18
de chaque mois, avec les autres Lieutenans, Sous-lieutenans & Enfeignes.

Le Commandant du corps fe trouvera, le plus fouvent
qu'il lui fera poffible, aux exercices des Lieutenans, Sous-
lieutenans & Enfeignes; & lorfque quelque cas imprévû
l'empêchera d'y aller, il aura foin de faire avertir le
plus ancien Officier après lui, afin qu'il s'y trouve à fa
place.

Outre le Capitaine qui fera faire l'exercice au déta-
chement de chaque régiment commandé pour la garde,
comme il eft dit ci-deffus, il fera commandé tous les jours
un Officier par bataillon, pour être préfent aux exercices
du quartier: cet Officier aura la plus grande attention à
examiner fi tous les Soldats du bataillon feront effective-
ment exercés de la manière dont ils doivent l'être; il ne
fouffrira pas qu'on leur paffe la moindre négligence, &
il fera tenu d'en rendre compte au Commandant.

Toutes les fois que le bataillon ou le régiment prendra
les armes pour s'exercer, les Officiers falueront de leurs

armes de pied ferme & en marchant, & les Enseignes du drapeau, le Commandant étant à leur tête.

Exercice remis.   Quand il surviendra quelque circonstance qui empêchera de faire aux jours prescrits l'exercice, soit des Officiers, soit des Sergens, Caporaux, Anspessades & Soldats, le matin ou le soir, en général ou en particulier, cet exercice sera renvoyé au lendemain.

OBSERVATIONS

Sur quelques commandemens de l'Ordonnance du 7 mai 1750.

PREMIER COMMANDEMENT.

Préparez-vous à faire l'Exercice.

ON avertira les Soldats d'avoir l'air fier fans contrainte dans toutes les fituations où ils fe trouveront.

On les fera partir immédiatement après le dernier mot du commandement lorfque le maniement des armes s'exécutera à la voix, & auffi-tôt après le coup de baguette quand il fera exécuté au fon de la caiffe; & on les inftruira à mettre une feconde entre l'exécution de chaque temps des commandemens qui en ont plufieurs.

Celui qui commandera l'exercice s'habituera à mettre deux fecondes de repos entre l'exécution d'un commandement & le commencement du fuivant, & ce même intervalle fera obfervé par les Soldats quand ils feront l'exercice à la muette.

Pour mettre toute la précifion poffible dans ces différens repos, on accoûtumera les Soldats à compter *un, deux,* pour la valeur d'une feconde, & à répéter cette formule autant de fois qu'ils auront de fecondes à attendre pour exécuter leurs mouvemens; au moyen de quoi il n'y aura plus de prétexte pour faire avancer un Soldat qui leur ferve de modèle, ce dont il eſt de toute néceſſité de les deshabituer.

Quant à l'exécution des mouvemens, on aura attention que les Soldats y emploient la plus grande vivacité, qu'ils arrivent à l'objet propoſé par la voie la plus courte, paſſant toûjours leurs armes très-près du corps, ſans ſouffrir aucuns mouvemens alongés; qu'ils n'y mêlent rien d'étranger, & qu'à la fin de chaque temps il y ait une ceſſation totale de mouvement.

2.e COMMANDEMENT.

Portez le fuſil en avant.

On obſervera que tout ce qui eſt ordonné au premier temps doit être fait dans le même inſtant.

Qu'au ſecond temps l'avant-bras gauche ſoit collé au fuſil, & le coude droit ſerré au corps, le Soldat ayant la tête & le corps bien fermes.

Qu'au troiſième temps la main droite doit ſe placer au bout du canon au même moment que le bras gauche tombe tendu de toute ſa longueur.

6.e COMMANDEMENT.

Portez vos armes ſur l'épaule.

'Au troiſième temps le Soldat aura attention de ne faire aucun mouvement de la tête ni du corps, & que le fuſil, en arrivant à l'épaule, y trouve ſur le champ ſa ſituation, en même temps que le Soldat ſerrera le coude gauche au corps.

Au quatrième temps, en laiſſant tomber la main droite pendante ſur le côté, il obſervera de contenir le porte-cartouche pour l'exécution des quatre commandemens ſuivans.

7. May 1750.

15

7.ᵉ 8.ᵉ 9.ᵉ & 10.ᵉ COMMANDEMENS.

A droite, à gauche, demi-tour à droite, demi-tour à gauche.

Les attentions qu'il faut avoir dans ces quatre commandemens, confiſtent à garder exactement l'intervalle de ſix pouces entre les deux talons, à ne point laiſſer chanceler le corps ni les armes, à ne tourner ni trop ni trop peu, & à exécuter les mouvemens bruſquement, ſans ſauter.

15.ᵉ COMMANDEMENT.

Retirez vos armes.

Au lieu de laiſſer tomber le fuſil horizontalement, on le retirera vivement, la croſſe ſous le bras droit, & le bout du canon plus élevé d'un pied & demi que le baſſinet, la platine vis-à-vis la poitrine, la ſoûgarde en avant & au deſſus du teton droit, le coude gauche collé au corps, & le pouce de la main droite ſur le chien, prêt à le mettre en ſon repos : à l'égard des pieds, on rapprochera le droit à ſix pouces & en équerre derrière le gauche.

19.ᵉ COMMANDEMENT.

Amorcez.

Les armes ſeront tenues fermes dans leur poſition, & la main droite ſera portée à la fin du temps derrière la batterie.

21.ᵉ COMMANDEMENT.

Paſſez vos armes du côté de l'épée.

Au lieu de faire un demi-tour à gauche pour

exécuter ce commandement, on fera les mouvemens fuivans en deux temps.

Au premier, en même temps que l'on avan-
cera le pied droit pour joindre les deux talons
en équerre, & que le corps fe tournera un peu
fur la gauche, on baiffera la croffe du fufil avec
les deux derniers doigts de la main droite, la faifant couler vivement le long du corps, & la portant par le même mouvemènt, appuyée contre la
partie extérieure de la cuiffe gauche, le bras droit
étendu dans toute fa longueur, les armes bien à
plomb, le canon du fufil tourné en dehors, & la
main gauche gliffant le long du canon jufqu'à la
hauteur du menton.

Au fecond temps, fans que le corps ni les jambes remuent, on baiffera vivement les armes avec
la main gauche, de façon que le canon du fufil
refte toûjours en dehors, & que le talon arrive à
quatre doigts de terre & à environ quatre pouces
fur la gauche du pied gauche, la main gauche tenant ferme le fufil appuyé vers le ceinturon, le
bras un peu courbé ; & l'on portera la main droite
brufquement à fa hauteur & touchant le bout du
canon avec les deux derniers doigts, le coude
détaché du corps.

23.ᵉ COMMANDEMENT.

Tirez la baguette.

On la tirera par deux mouvemens de bras très-
prompts, la faifant retourner dans un fens parallèle
à celui du corps, de manière qu'elle paffe entre
l'intervalle que laiffe entre les files l'effacement du
corps.

Quand un Soldat fera tomber fa baguette par
mal-adreffe, ou fon chapeau, ou fa bayonnette,

en

en quelque temps de l'exercice que ce foit, il ne
la ramaffera point, & il attendra que l'Officier qui
commandera l'exercice, donne ordre à un Sergent
de le faire.

24.ᵉ C O M M A N D E M E N T.

Bourre₹.

En reportant la baguette fur le ceinturon après
avoir bourré, on la raccourcira environ un pied
du petit bout.

25.ᵉ C O M M A N D E M E N T.

Remette₹ la baguette en fon lieu.

On enfoncera d'abord la baguette jufqu'à ce
que la main touche le bout du canon, ayant attention de lui faire bien enfiler les deux premiers te-
nons, pour qu'elle puiffe être enchâffée tout de
fuite, après quoi les Soldats auront attention de
déployer enfemble le bras droit, fans depaffer la
pointe de la bayonnette, pour pouffer la baguette
d'un feul mouvement qui ramenera la main droite
au bout du canon qu'elle empoignera tout de fuite.

26.ᵉ C O M M A N D E M E N T.

Haut les armes.

Ce mouvement fera réduit à un feul temps au
lieu de deux, pendant lequel on relèvera le fufil
de la main gauche, & on le faifira tout de fuite
avec la droite au deffous de la platine, plaçant
dans le même inftant le pied droit à côté du gauche, fur la même ligne, faifant face en tête.

C

28.ᵉ COMMANDEMENT.

Portez vos armes sur le bras gauche.

A la fin du second temps le fusil doit se trouver dans une situation perpendiculaire, le canon en dehors.

33.ᵉ COMMANDEMENT.

Posez le fusil à terre.

Au premier temps, le Soldat, en tournant sur les deux talons, doit prendre garde que son fusil continue d'être bien perpendiculaire.

Au second temps, il laissera couler la main jusqu'à la moitié du canon, en faisant en avant un pas de deux pieds pour poser le fusil à terre ; ce qui s'exécutera en courbant le corps très-brusquement & comme tout d'une pièce, & portant la main gauche derrière le dos pour contenir la bretelle de la giberne.

35.ᵉ COMMANDEMENT.

Haut le fusil.

En élevant le fusil de la main droite au premier temps, on aura attention que cette main ne passe pas la pointe du chapeau.

39.ᵉ COMMANDEMENT.

Renversez le fusil.

Au troisième temps en renversant le fusil, la crosse doit passer entre le bras droit & le corps.

40.ᵉ COMMANDEMENT.

Portez le fuſil ſur l'épaule.

Au deuxième temps la croſſe du fuſil doit paſſer de même entre le corps & le bras droit.

44.ᵉ COMMANDEMENT.

A droite & à gauche ſerrez vos files.

Les Soldats après avoir fait à droite & à gauche, partiront enſemble du pied gauche : au mot de *marche*, ils auront la jambe bien tendue, la lèveront & la poſeront tous en même temps, faiſant des pas de deux pieds; & les files les plus proches du centre s'arrêteront ſucceſſivement à meſure qu'elles arriveront ſur leur terrein.

Les Officiers & Sergens placés en avant & en arrière du bataillon, feront à droite & à gauche de même que les Soldats, & ſuivront le mouvement de leurs troupes pour ſe trouver toûjours vis-à-vis les intervalles par leſquels ils devront retourner à leur place : les Sergens des flancs marcheront auſſi devant eux, afin d'être toûjours à la même diſtance du bataillon.

45.ᵉ COMMANDEMENT.

Serrez les rangs à la pointe de l'épée.

Au mot de *marche*, les Soldats des trois derniers rangs s'ébranleront en même temps pour faire enſemble des pas de deux pieds; & ils s'arrêteront ſucceſſivement à meſure qu'ils auront ſerré à un pied de diſtance l'un de l'autre.

Les Officiers & Sergens placés derrière le bataillon, ſuivront ce mouvement pour être toûjours à la même diſtance du dernier rang du bataillon.

53.ᵉ COMMANDEMENT.

Genou en terre.

Ce commandement s'exécutera en deux temps.

Au premier, les Soldats du premier rang porteront le pied droit derrière le talon gauche en équerre, tournant la pointe du pied gauche en avant; ceux du ſecond rang porteront le pied gauche deux pouces en avant & vis-à-vis la pointe du pied droit, ſans la déborder; les Soldats du troiſième rang ſerreront le talon droit contre le talon gauche; ceux du quatrième rang porteront le pied gauche un pied en avant du pied droit, de façon que la pointe du pied ſoit à côté & à droite du talon droit de celui du troiſième rang de ſa file.

Au ſecond temps, les Soldats des deux premiers rangs tomberont bruſquement le genou droit en terre, douze pouces en arrière du talon gauche; obſervant que, ſans remuer le pied gauche, la jambe ſe trouve bien à plomb, & que la droite ſoit placée ſur la même ligne ſans la croiſer: ceux du troiſième rang porteront le talon gauche en avant, vis-à-vis d'où étoit la pointe de ce même pied, ayant attention de ne le pas jeter plus ſur la gauche; ceux du quatrième rang joindront le pied droit au talon gauche: les quatre rangs armeront en même temps leurs fuſils.

54.ᵉ COMMANDEMENT.

En joue.

En un temps, on appuyera la croſſe à l'épaule

droite, en tenant le coude droit ferré, les troisième & quatrième rangs portant le haut du corps en avant.

56.ᵉ COMMANDEMENT.

Chargez vos armes.

Ce commandement s'exécutera dans le même nombre de quatorze temps, porté par l'Ordonnance, avec les différences ci-après expliquées.

Au premier temps, les quatre rangs retirant leurs armes, comme il est expliqué au quinzième commandement, les Soldats des deux premiers rangs se relèveront brusquement, ceux du premier reportant le pied droit à six pouces en arrière du talon gauche, & ceux des trois derniers s'aligneront promptement sur leurs chefs de file, dans la position prescrite dans l'explication sur le quinzième commandement.

Le mouvement de passer les armes du côté de l'épée se fera aux huitième & neuvième temps, ainsi qu'il est marqué dans l'explication sur le vingt-unième commandement.

Le dernier temps s'exécutera comme dans l'explication sur le vingt-sixième commandement.

58.ᵉ COMMANDEMENT.

Portez vos armes sur le bras gauche.

Mêmes observations qu'au vingt-huitième commandement.

On ne fera desserrer les rangs & les files que quand on voudra recommencer l'exercice; & pour que les Officiers & Sergens puissent retourner à leur place, le Major fera le commandement suivant.

P** compagnie * serrez vos files sur le centre.*

Les Soldats pour l'exécuter, se serreront de droite & de gauche sur le centre de leurs compagnies, en se jetant brusquement de côté.

Et lorsque les tambours appelleront, les Officiers & Sergens viendront reprendre leur place, passant par les intervalles entre les compagnies, & observant que les Capitaines doivent arriver les premiers, les Lieutenans ensuite, & les Sergens les derniers.

SUPPLÉMENT

Pour les commandemens qui n'ont point été inférés dans l'Ordonnance du 7 mai 1750.

COMMANDEMENS que l'on peut faire au Soldat portant le fufil fur l'épaule.

I.

POUR L'INSPECTION DES ARMES.

Mettez la bayonnette au bout du canon.

EN fix temps, comme aux deuxième, troifième, quatrième & cinquième commandemens de l'Ordonnance.

Repofez-vous fur vos armes en avant.

En deux temps: Au premier, le Soldat portera fes armes devant lui de la main droite qu'il tiendra à hauteur du nœud de la cravatte, & portera la main gauche au deffous de la droite.

Au fecond, il pofera la croffe à terre entre fes deux pieds, & quittera vivement fes armes de la main droite.

Tirez vos épées.

En trois temps : Au premier, on paffera la main droite par deffus le fufil, pour la porter à l'épée, & on commencera à la dégager du fourreau.

Au deuxième, on portera l'épée près du fufil,

la tenant parallèle au canon, les deux mains à même hauteur.

Au troifième, on croifera l'épée fur le fufil, la paffant fous les deux premiers doigts de la main gauche, la pointe d'un demi-pied plus éloignée du canon que la poignée, & plus élevée environ un pied.

Remettez vos épées.

En trois temps : Au premier, on relèvera la pointe de l'épée en la dégageant de deffous les doigts de la main gauche, & on la tiendra parallèle au fufil.

Au deuxième, on la remettra dans le fourreau, tenant toûjours la poignée de la main droite.

Au troifième, on reportera la main droite au deffus de la gauche pour empoigner le fufil.

Ouvrez le porte-cartouche.

Le Soldat portera vivement la main droite au porte-cartouche, & en relèvera la patte.

Joignez la main droite au fufil.

En un temps, il portera la main droite au bout du canon.

Remettez la bayonnette dans le fourreau.

Comme aux trentième & trente-unième commandemens.

Mettez la baguette dans le fufil.

En trois temps: Au premier, laiffant la croffe du fufil pofée à terre à la même place, la main gauche en fera pencher le bout du côté droit le plus qu'il

fe

25

fe pourra, & la droite faifira en même-temps la
baguette.

Au deuxième, on tirera la baguette comme il
eft dit au vingt-troifième commandement.

Au troifième, on la portera de biais au bout
du canon dans lequel on la laiffera tomber.

Retirez la baguette.

En deux temps : Au premier, on la retirera pour
la reporter par le petit bout fur le ceinturon.

Au deuxième comme au vingt-cinquième commandement.

Remettez-vous.

En quatre temps : Au premier, on élevera
le fufil à plomb de la main droite à un pied de
terre, faifant gliffer la main gauche à un demi-pied
de l'extrémité fupérieure de la platine.

Au deuxième, on paffera la main droite au
deffous de la foûgarde, & on portera le fufil droit,
perpendiculairement entre les deux yeux, la platine
en dehors, & le pouce de la main gauche à la
hauteur du menton.

Au troifième, on portera le fufil de la main
droite fur l'épaule, & on paffera la main gauche
à quatre doigts du bout de la croffe.

Au quatrième, on laiffera tomber la main droite
pendante.

D

II.

POUR S'ASSURER QUE LES ARMES
ne soient point chargées.

Portez le fusil en avant.

En trois temps, comme au deuxième commandement de l'Ordonnance.

Mettez la baguette dans le fusil.

En deux temps : Au premier, on tirera la baguette comme il est dit au vingt-troisième commandement de l'Ordonnance.

Au deuxième, après avoir porté la baguette de biais au bout du canon, on l'y laissera tomber.

Retirez la baguette.

En deux temps : Au premier, on la retirera pour la reporter par le petit bout sur le ceinturon.

Au deuxième, on la remettra en son lieu, & on empoignera tout de suite le bout du fusil.

Remettez-vous.

En quatre temps, comme ci-dessus.

Toutes les fois que l'on devra faire l'exercice, on observera de faire exécuter ces commandemens avant de le commencer, afin d'éviter les accidens qui pourroient arriver, en se servant d'armes que l'on auroit oublié de décharger.

27

III.

Repofez-vous fur le fufil.

En quatre temps : Le premier & le deuxième comme au fecond commandement de l'ordonnance.

Aux troifième & quatrième, on empoignera de la main droite le bout du fufil, & on exécutera le furplus de ce qui eft prefcrit au trente-deuxième commandement de l'Ordonnance.

COMMANDEMENS que l'on pourra faire au Soldat étant repofé fur le fufil.

I.

POUR L'INSPECTION.

Repofez-vous fur le fufil en avant.

En deux temps : Au premier, il portera le fufil devant lui, de la main droite, joignant la gauche au deffous de la droite.

Au deuxième, il pofera la croffe à terre entre fes deux pieds, comme il a été dit ci-deffus en partant du fufil fur l'épaule.

Mettez la bayonnette au bout du canon.

En trois temps : Au premier, tenant ferme de la main gauche le fufil ainfi pofé, on portera la droite à la bayonnette, & on la dégagera.

Au deuxième, on portera la bayonnette à un pouce au deffus du bout du fufil.

Au troifième, on l'emboîtera dans le canon en

un feul mouvement, & on replacera la main droite au bout du canon.

On fera enfuite les commandemens ci-deffus pour l'infpection des épées & des cartouches, pour remettre les bayonnettes, & pour mettre & retirer la baguette; après quoi le Soldat ayant reporté la main droite au bout du fufil en le redreffant, on commandera :

Remettez-vous.

En deux temps: Au premier, la main droite portera le fufil fur la droite, l'élevant à quatre doigts de terre, & la main gauche gliffera en même temps le long du canon à la hauteur du ceinturon.

Au fecond temps, la main droite laiffera tomber le fufil à terre, & la gauche prendra fa place fur le côté.

I I.

Portez le fufil fur l'épaule.

En quatre temps: Au premier, on élevera le fufil de la main droite d'un pied de terre, en le rapprochant de la cuiffe droite, & on joindra tout de fuite la main gauche à un demi-pied de l'extrémité fupérieure de la platine.

Les trois autres temps comme au commandement de *Remettez-vous,* en partant du fufil fur l'épaule.

COMMANDEMENT *qu'on peut faire au Soldat ayant les armes préfentées.*

Reprenez la bayonnette.

En quatre temps: Au premier, on fera à gauche

29

pour faire face en tête, & la main droite quittant
le fufil on le retournera de la main gauche en
la portant à un demi-pied de la partie gauche de
la cuiffe gauche, le bras gauche étendu de toute
fa longueur, tenant le fufil de biais, le bout pen-
ché du côté droit; & la main droite empoignera
le bout du canon, obfervant que le bout du pouce
foit au bout de la monture vis-à-vis & à la hauteur
de l'épaule, le coude à demi courbé fans être levé.

Les trois autres temps comme il eft dit aux
trentième & trente-unième commandemens de
l'Ordonnance.

COMMANDEMENT que l'on peut faire au Soldat ayant la bayonnette au bout du fufil, & portant fes armes en avant.

Préfentez vos armes.

En un temps : en faifant à droite, la main
droite qui tenoit le bout du fufil le quittera pour
l'empoigner derrière le chien, la main gauche
retournant le fufil, de manière que le bout fe
trouve vis-à-vis l'œil gauche, comme il étoit
auparavant vis-à-vis l'œil droit.

COMMANDEMENT pour que le Soldat qui porte fon fufil, le porte fur l'épaule.

Portez le fufil fur l'épaule.

En quatre temps : Au premier comme au premier temps du quarante-fixième commandement
de l'Ordonnance.

Au second, on placera la main gauche sur la croffe, à quatre doigts du bout, tenant le fufil bien perpendiculairement droit entre la tête & l'épaule, le canon en dehors.

Les troifième & quatrième temps comme au fixième commandement de l'Ordonnance.

A PARIS,
DE L'IMPRIMERIE ROYALE.

M. DCCLIII.